“四好农村路”之喀喇沁实践

中共喀喇沁旗委
喀喇沁旗人民政府 组织编写

人民交通出版社股份有限公司
China Communications Press Co.,Ltd.

内 容 提 要

“四好农村路”是中共中央总书记习近平于 2014 年 3 月提出的。2017 年 12 月，习近平又对“四好农村路”建设作出重要指示。他强调，近年来，“四好农村路”建设取得了实实在在的成效，为农村特别是贫困地区带去了人气、财气，也为党在基层凝聚了民心。

2017 年，喀喇沁旗被评选为首批“四好农村路”全国示范县。本书梳理总结了喀喇沁旗在“四好农村路”建设中的经验做法及取得的成效，可供各地参考借鉴。

图书在版编目（CIP）数据

“四好农村路”之喀喇沁实践 / 中共喀喇沁旗委，喀喇沁旗人民政府组织编写 . — 北京：人民交通出版社股份有限公司，2018.12

ISBN 978-7-114-14917-7

Ⅰ. ①四… Ⅱ. ①中… ②喀… Ⅲ. ①农村道路—道路建设—研究—喀喇沁旗 Ⅳ. ① F542.826.4

中国版本图书馆 CIP 数据核字 (2018) 第 169530 号

书　　名：“四好农村路”之喀喇沁实践
著 作 者：中共喀喇沁旗委　喀喇沁旗人民政府
责任编辑：王　丹
责任校对：刘　芹
责任印制：张　凯
出版发行：人民交通出版社股份有限公司
地　　址：（100011）北京市朝阳区安定门外外馆斜街3号
网　　址：http：//www.ccpress.com.cn
销售电话：（010）59757973
总 经 销：人民交通出版社股份有限公司发行部
经　　销：各地新华书店
印　　刷：中国电影出版社印刷厂
开　　本：787 × 1092　1/16
印　　张：4.75
字　　数：89千
版　　次：2018年 12月　第 1 版
印　　次：2018年 12月　第 1 次印刷
书　　号：ISBN 978-7-114-14917-7
定　　价：48.00元

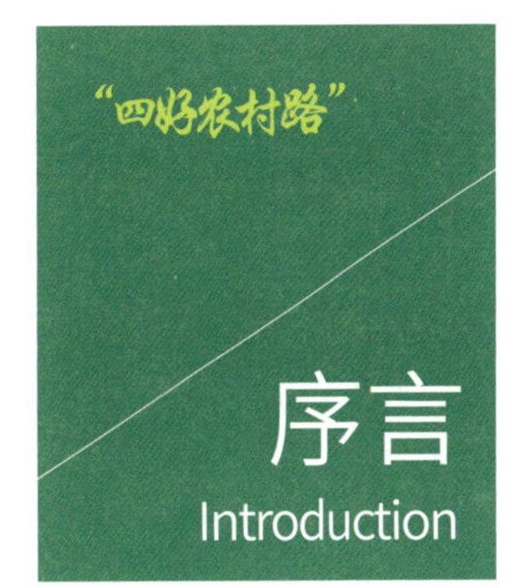

喀喇沁旗位于内蒙古东部，赤峰市南部，地处蒙、冀、辽三省区交界处，总面积3050平方公里，下辖9个乡镇、2个街道，共有169个行政村、10个社区。全旗总人口35万人，其中农村人口30.8万人。我旗属于典型的山区，人多地少、山多川少，共有耕地75万亩，人均耕地2.1亩，是国家级贫困县、革命老区和少数民族边疆地区。长期落后的交通运输环境曾是制约我旗经济社会发展的主要瓶颈。

近年来，喀喇沁旗认真贯彻落实习近平总书记关于“四好农村路”重要指示精神，紧紧围绕“四好农村路”建设总体目标，从科学统筹规划、全面加快建设、严格执行标准、加强建设管理等多方面着手，努力提升“四好农村路”发展质量，为全旗经济社会发展提供了强有力的交通运输保障。

2017年，喀喇沁旗被评为首批“四好农村路”全国示范县。按照交通运输部要求，我旗及时总结可借鉴、可推广的经验，采取各种有效措施宣传推广，充分发挥示范和典型引领作用。在总结“喀喇沁经验”的基础上，我们组织编写了本书。相信，本书的出版将继续推动我旗增强新时代“四好农村路”建设的责任感和自觉性，把习近平总书记重要指示精神落到实处。

喀喇沁旗委书记　高希华

2018年4月

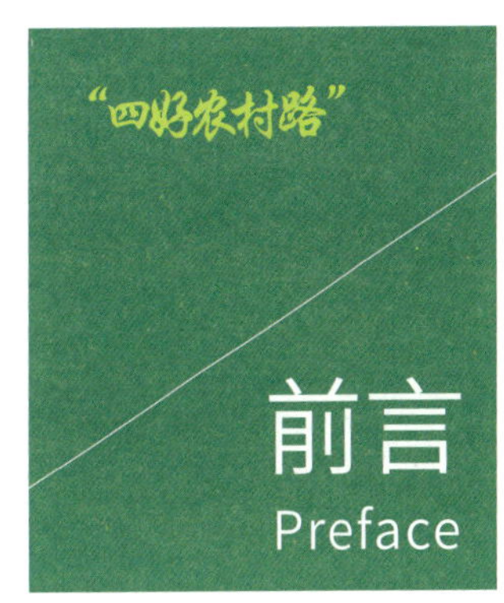

为全面改变贫困落后面貌，旗委政府充分利用蒙冀辽三省交汇处的区位优势，大力发展交通运输事业，以此作为带动旗域经济发展，逐步实现共同富裕的有效抓手。虽然，喀喇沁旗属于国贫县，财政收入有限，但我们对农村公路的资金投入始终占据旗公共财政收入的重要比例。因此，在2012年，我们就实现了"村村通"沥青水泥路计划，走在了自治区前列。

在2014年习总书记对农村公路建设作出重要指示和2015年交通运输部印发《关于推进"四好农村路"建设的意见》后，我们在原有初步成型的公路网络基础上，努力提升农村公路技术等级和科学管理养护水平，不断完善探索农村公路养护管理体制机制及拉动经济发展的新途径和新方法，切实为全面实现乡村振兴、打赢脱贫攻坚战提供安全畅通、舒适便捷的交通运输保障。

目前，全旗公路总里程达到了1381.4公里，其中：国道181.8公里；省道133.4公里；农村公路1066.2公里。全旗公路网密度45.3公里/百平方公里。初步形成了以高等级公路为骨架，以县乡村公路为经络，以玉龙航空、叶赤铁路为补充，纵横交错，四通八达的立体交通格局。

中共喀喇沁旗委

喀喇沁旗人民政府

2018年4月

“四好农村路”

目录

Contents

强化体制机制　实现“四好”协调发展

“晴天一身土，雨天两脚泥”，是昔日全旗农村公路的真实写照。滞后的交通条件，曾一度制约了全旗农村经济的发展，对农民群众的生产生活产生了一定的影响。“要想富，先修路”，成为了全旗群众的普遍共识。

近年来，喀喇沁旗深入贯彻落实习近平总书记关于建好农村公路的重要指示精神和上级党委、政府“三农工作”的部署，不等不靠，抢抓机遇，牢固树立“小康路上绝不让任何一个地方因农村交通而掉队”的理念，多措并举，主动出击，全旗农村公路建设呈现出持续、协调、健康发展的良好态势。2017 年末，全旗农村公路总里程达到 1066 公里，旗内行政村全部实现了通沥青水泥路，行政村通畅率达到了 100%。连接乡村、四通八达的农村公路网在促进区域经济发展、服务农民群众生产生活中正发挥着越来越重要的作用。

一、提速发力，全面建好农村公路

为全面建好农村公路，喀喇沁旗结合全旗经济社会发展实际，分别制定了交通运输发展长期、中期、短期规划，并适时进行调整，确保公路建设在服务经济社会发展中始终保持优良状态。作为国家级贫困县，在推进农村公路建设发展中面临很多困难，特别是如何解决配套资金问题，成为旗委、旗政府亟须解决的难题。针对这一现状，全旗广开渠道、全力加大资金筹措力度，通过积极向上争取项目资金、加大财政配套投入、协同施工单位垫付、争取银行贷款、发动群众参与等方式，形成了多资汇流农村公路建设的良好格局。资金短缺的"瓶颈"有效破解，全旗掀起了一场由上级政策鼎力支持、旗乡联动、交通部门实施、广大群众热心参与的农村公路建设热潮。"十二五"期间，喀喇沁旗仅用于农村公路建设投资就达 6.1 亿元，硬化总里程达 972 公里。

为加快实现乡村振兴步伐，在实现村村通的基础上，旗委政府严格按照"因地制宜、实事求是、宜宽则宽、宜窄则窄"的原则，实施美丽乡村建设工程，实现了户户通水泥路。仅 2016 年就投入资金 2.6 亿元，硬化街巷 1145 公里，硬化街巷总里程达到了 2029 公里，覆盖全旗 11 个乡镇（街道），贯通了所有自然村组。在农村公路的建设过程中，同步实施了生命防护工程，重点对农村公路沿线标志、标线、里程碑、百米桩、护栏、轮廓标等进行了更换和重新粉刷，并在事故多发路段、潜在危险路段、穿越学校、村庄、集镇路段设置限速标志和警告标志，在硬件设施层面强化了交通安全保障。

我们坚持"因地制宜、因路制宜"的原则，对全旗大部分农村公路进行了绿化。完成了所有县道、乡道及部分村道主体式绿化。在公路用地范围内一切可绿化的空地上，采取了点、线、面等多方位、多层次、多品种绿化模式，全面种植各种花卉，基本实现农村公路的"畅、安、洁、美、绿"。

工程建设中，坚持进度服从质量的原则，全面加强质量管理。严把工程建设设计关、市场准入关、工程质量关，农村公路所有建设、养护项目质量监督均以设计文件、相应技术规范和质量检测评定标准为依据，突出质量检测重点部位、重点工序和检测频率，建立了有效的监督管理机制。坚持招投标制、监理制、项目法人制、合同制四大强制条款，并成立督导组，将质量监督措施落实到位，发现质量问题及时进行通报，并责令整改，问题严重的必须返工，工程合格率达到 100%。责成审计部门，加大对项目资金审计力度，重要项目全部进行跟踪审计，保证项目资金的使用安全和发挥最大效益。

二、健全机制，全面管好农村公路

随着农村公路里程的不断增加，喀喇沁旗积极探索，及时建立了符合农村公路特点的管理体制，完善了旗级农村公路管理机构、乡镇农村公路管理站，建立了建制村村道管理议事机构。旗政府于2011年出台了《喀喇沁旗农村公路养护管理办法》，明确了旗政府、各乡镇政府农村公路养护和管理的主体责任，要求各乡镇设立公路管理站，具体负责辖区内乡村公路的日常养护和小型养护工程的管理，接受旗交通运输局指导；建立了以公共财政投入为主的资金保障机制，形成了“政府牵头，部门指导，乡村为主，群众参与”的养护管理模式。

按照依法治路的要求，喀喇沁旗建立了旗有路政员、乡有监管员、村有护路员的路产路权保护队伍，加强了农村公路法制和执法机构能力建设，及时完善了农村公路保护设施，切实做到防止、制止和查处违法超限超载运输及其他各类破坏、损坏农村公路设施等行为。现全旗各乡镇、村都制定了爱路护路的乡规民约、村规民约。修好了公路，方便了群众，带来了实惠，村民参与农村公路管护的热情大大提高，“农村兴得益于公路通”的爱路意识深入人心，沿途群众积极主动参与到义务养护公路的行动中，爱路、护路、管路的良好风气初步形成。

三、建养并重，全面养好农村公路

在建好公路的同时，喀喇沁旗坚持在“精细化养护、标准化养护”上下功夫，切实把好预防性养护第一道防线，不断提高预防性养护成效；扎实落实“四好农村路”精细化、标准化养护的各项措施，按照“组织到位、硬件到位、人员到位、技术到位、经费到位”的五到位要求，注重培育和强化基层养护力量，加强对养路工新技术的培训，切实提高养护人员的整体素质；财政部门安排专项资金进行补助，确保基层养护道班不断提升养护水平，提高养护效率。

建立健全“政府主体、行业指导、部门协作、社会参与”的养护工作机制。全面落实旗政府的主体责任，充分调动村委会和村民的作用，将日常养护经费和人员情况作为“有路必养”的重要考核指标，各乡镇（街道）、村明确区划责任，建立了乡镇之间养护区划明确、村与村之间养护区划明确、养护工之间养护范围区划明确的责任体系，及时清理路域范围内草堆、粪堆、垃圾堆、非公路标志及时清理，实现了农村公路常年保持整洁、无杂物，边沟排水通畅，无淤积、堵塞。全旗具备条件的农村公路全部落实路田分家、路宅分家，畅安舒美的通行环境正在形成。

建立稳定的养护经费保障机制。旗财政每年投入 280 万元用于县乡道路养护、投入 150 万元用于村组道路养护，并根据农村公路技术等级的提高而不断增加资金投入。为更好地管理使用农村公路养护资金，喀喇沁旗坚持实行“分户储存、单独核算、专款专用”的办法，所需经费由旗财政定额补贴，旗财政局设立“农村公路养护资金专户”、乡镇财政所设立“农村公路养护专账”进行专项核算，旗审计部门及时进行跟踪督查。对于养护资金的使用，坚持“定额分配，投资包干”的原则，资金的分配按照旗交通运输局确定的农村公路里程和季度评分值进行分配。由交通运输局负责，严格按照《喀喇沁农村公路养护管理考核办法》，对辖区内的农村公路进行季度考核及年终考核，并于年底根据考核结果将养护经费拨付各乡镇，由各乡道站具体支付。在养护经费、人员落实的情况下，农村公路列养率达到 100%，优、良、中等路的比例高于 75% 以上，路面技术状况指数逐年上升。

四、路通车通，全面运营好农村公路

喀喇沁旗坚持“城乡统筹、以城带乡、城乡一体、客货并举”的总体思路，不断完善农村公路运输服务网络。全旗科学布设班线 49 条，日发客运班次 79 车次，实现了乡乡有班线、村村通班车的目标。2016 年，在“四好农村公路”试点线路锦平线新建临时客运站点 10 个。同时，依照有关规定，严抓客运市场准入关，客运班线许可关，督促辖区内农村客运经营者依照有关规定，严格落实安全生产主体责任，保障旅客运输安全。

随着农村公路的畅通以及运输能力大幅提升，带动了农业、旅游业和商贸物流业的快速发展。2017 年，全旗地区生产总值完成 59 亿元，城乡居民人均可支配收入分别达到 26276 元和 10205 元。我旗中药材、硬果番茄、马铃薯等特色种植达到了 33 万亩。新增设施农业 1 万亩、经济林 1.6 万亩，调减大田玉米 4.8 万亩。随着农村公路延伸到山前田间，大型农机器具有了“用武之地”，现旗内农业机械化率达到了 74%。雷营子村、林营子村、三家村等乡村旅游重点村茁壮成长，“农家乐”、“采摘园”迅速发展。美林谷、马鞍山等旗域旅游品牌初步成型。2017 年共接待游客 98 万人次，实现旅游收入 12.2 亿元。其中，乡村旅游接待游客 11.2 万人次，实现旅游收入 5021 万元。

“四好农村路”

“三化”管理开创农村公路养管新局面

“无规矩不成方圆”“不以六律，不能正五音”。建立科学有效的、长期的农村公路养护管理体制，使农村公路以最优供给和最低成本，是发挥最佳服务和最持久使用效果的根本保障。

近年来，旗委政府把加强农村公路养护管理工作提高到“延长使用寿命就等于降低建设成本，就是提高经济效益，就是对人民群众负责”的高度来对待，不断开创农村公路养护管理工作新局面。

一、责任明确，不断推进管养工作体系化

旗人民政府把农村公路养护工作纳入到政府工作的重要议事日程，切实做到"养护责任、养护资金、养护机构、养护人员、养护任务、养护标准、养护考核"七落实。根据"县道县养、乡道乡养、村道村养"的原则，制定并印发了《喀喇沁旗农村公路养护管理办法》，明确了旗人民政府、乡镇（街道）人民政府（办事处）为农村公路养护和管理的主体，负责全旗农村公路养护的组织领导、资金筹措。旗公路管理段专门成立了养护道班，以"定额管理、计量支付"的模式进行管理，负责县道公路、桥梁的日常养护。各乡镇（街道）人民政府设立各乡镇公路管理站，具体负责本辖区内的农村公路的日常养护和小型养护工程的管理工作，接受旗交通运输局指导。各村由村委会主任担任本村公路养护和管理组长，并确定一名副主任负责公路养护管理工作，并根据实际情况配备人员具体负责划分路段的养护管理工作。

二、队伍完善，不断推进管养工作专业化

建立上下贯通、协调一致养护队伍，是做好农村公路养护管理工作的重要保障。旗公路管理段配备 66 名专业人员对县级公路进行养护管理，购买了装载机、洒水车、养护专用车等专业的养护设备，改变原有的养护模式，实现了路基路面养护专业化、机械化。各乡村公路管理站按照乡道 2 公里 1 名、村道 3 至 5 公里 1 名的原则配备养护工人，对聘用来的养护工人进行统一管理并与养护工签订《农村公路养护管理承包合同》《安全生产合同》。目前，全旗 9 个乡镇、2 个街道共有养护工 110 人。旗交通运输主管部门以水泥混凝土路面和沥青混凝土路面常见病害及其预防、修理方法等知识，分批对农村公路养护人员进行培训，不断提高养护人员综合素质和养护技能。路政执法部门，加强宣传教育不断提高广大群众的爱路、护路、养路意识。同时加大巡查执法力度，防止随意侵占路产路权、损坏农村公路等违法现象的发生，有效维护了路产路权，改善了路容路貌，延长了公路使用寿命。

三、监管到位，不断推进管养工作制度化

旗人民政府将农村公路养护管理工作作为对乡镇（街道）人民政府（办事处）年度目标考核的一项重要内容，实行一票否决，将农村公路养护工作与公路计划安排挂钩，干得好的多安排计划；干得差的扣减计划，并且要求限期改正。旗交通运输管理部门负责对乡村公路养护管理情况进行考核，按照年底考核结果，将养护经费拨付各乡镇公路管理站具体支付。

农村公路为农民提供了畅通和便捷的出行条件，它标志着农民生产、生活条件的改善，意味着发展的契机。在今后的工作中，喀喇沁旗将按照科学、高效的原则，不断完善农村公路养护管理工作协调、监管、考核机制，全面巩固建设成效，提高农村公路管理水平，真正地做到为老百姓谋福利，打赢扶贫攻坚战。

“四好农村路”

喀喇沁的融资探索与创新

常言道“兵马未动粮草先行”。那么农村公路养护资金可以说是农村公路养护管理工作有序开展的“粮草”保障。虽然喀喇沁旗属于自治区经济欠发达地区，财政资金匮乏，但近年来，旗委政府不断加大对农村公路养护资金的投入、研究探索农村公路养护资金筹融渠道，规范农村公路养护资金使用管理，确保有限的资金发挥最大的功效。

一、规范资金使用，确保养护工作有序开展

规范的养护资金管理是农村公路健康发展的重要环节，是确保农村公路管养良性循环的主要指标。一是政府重视，资金到位。喀喇沁旗将农村公路养护经费纳入政府财政预算，根据建设里程的增加和技术等级的提高，不断增加养护经费投入，补充完善养护所需机械设备，不断提高绿化靓美程度。每年旗政府投入280万元用于养护县乡道路、投入150万元用于养护村组道路，确保农村公路养护工作正常有序开展。二是管理规范，专款专用。为更好地管理使用农村公路养护资金，喀喇沁旗实行分户储存、单独核算、专款专用，并接受旗财政、审计等部门的监督检查。所需经费由旗财政定额补贴，补贴标准为每公里不少于2000元，不足资金由各乡镇（街道）自筹。旗财政局设立“农村公路养护资金专户”，乡镇（街道）财政所设立“农村公路养护专账”“农村公路养护科目”进行专项核算，任何单位和个人不得挤占、挪用。对于养护资金的使用，坚持“定额分配，投资包干”的原则，资金的分配按照旗交通运输局确定的农村公路里程和季度评分值进行分配。旗交通运输局严格按照《喀喇沁农村公路养护管理考核办法》对本旗辖区内的农村公路进行季度考核及年终考核，并于年底按考核结果将养护经费拨付各乡镇，由各乡道站具体支付。

二、拓宽筹资渠道，确保养护资金效益最大化

充足的养护资金是农村公路健康发展的关键因素，是确保农村公路管养工作正常运转的主要指标。一是在“争”字上下功夫。我们积极向上级客观反映喀喇沁旗农村公路点多、面广，需养护里程较长的实际情况，最大限度争取上级对农村公路养护项目资金的支持。二是在“筹”字上想办法。我们深刻明白单靠国家、自治区补贴资金难以完成农村公路养护任务。为此，我们在不增加农民负担的前提下，真正把群众动员起来，鼓励受益百姓自愿投身参与农村公路养护管理工作，解决养护过程中所需人力、运力问题。同时，注重吸引社会资金进入农村公路养护，引导农村公路沿线企业和有能力的个人自愿出资、自觉投资，确保养护资金筹措多元化。三是在“宣”字上做文章。通过多种形式广泛宣传，不断提高广大群众爱路、护路、养路意识。努力消除和减少农村公路乱堆乱放、打场晒粮、占道经营、侵占路肩边沟、私开平交道口、占道施工等不良现象，节省养护资金投

入。四是在"融"字上做功课。我们积极探索创新农村公路养护资金使用机制，创造性地进行了新农村建设资金、上级养护项目资金、财政一事一议补助资金、部分扶贫开发资金统筹管理、整合使用，全力保证农村公路建设养护管理等工作顺利实施。近年来，喀喇沁旗共争取上级养护管理资金 2983.6 万元，整合资金 2950 多万元用于农村公路养护管理，为全面完成养护目标打下了坚实基础。

现在我旗农村公路经过快速建设已进入周期性养护高峰期，养护需求与养护资金之间矛盾愈显突出。在下一步工作中，我们将努力探索研究如何筹集、管理、使用好农村公路养护资金、延长农村公路的使用寿命等问题，避免重复投入和资金浪费。

"四好农村路"

盘点喀喇沁的 2017 年

根据交通运输部关于"四好农村路"建设的有关精神，喀喇沁旗人民政府进一步统一思想、明确目标、各尽其职、真抓实干，不断推进农村公路建、管、养、运协调发展，为推进全旗经济社会发展和脱贫攻坚工作提供良好的道路交通保障。

一、明晰责任，养护管理体制化

根据《关于创建"四好农村路"全国示范县的实施意见》，为全面完成"四好农村路"建设任务，旗政府高度重视，层层落实养护管理工作责任，明确由交通运输局具体负责农村公路管理工作的组织实施和质量监管，各乡（镇）政府、街道管理办公室主管领导具体负责本区域内的农村公路养护管理工作，并按照《关于全面促进喀喇沁旗农村公路建、管、养、运协调发展的指导意见》《全旗推进"四好农村路"建设活动实施方案》要求，将农村公路管养工作纳入旗政府年度目标考核责任状。旗交通运输局也成立了"四好农村路"领导小组，为农村公路养护管理工作的顺利开展提供了坚强的组织保证，形成了上下齐抓共管的责任体系。

二、保障资金，养护投入专项化

旗政府将全旗农村公路养护资金全额纳入财政预算，并随着养护里程和技术等级的提高逐年增加农村公路管护资金。对危桥改造资金、农村公路养护专项资金，由财政实行专账管理、专账核算、专款专用，任何单位和个人不得截留、侵占、挪用，从资金保障上确保完成国家和自治区下达的计划任务。

三、完善资料，管养信息规范化

旗政府认真按照督导巡视要求，督促相关部门、乡镇（街道）进一步完善旗内农村公路、特别是争创"四好农村路"线路的相关档案资料。按照"一路一档""一桥一档"的要求，规范养护档案，全面掌握全旗农村公路技术状况，为合理编制农村公路养护工程计划、安排农村公路养护工程及日常养护管理工作提供科学依据。

四、建养并重，日常养护常态化

旗政府将农村公路建设作为推进新农村建设、美丽乡村建设和农村人居环境整治的重要举措，同时带动路灯、绿化等配套设施建设，促进基础设施向农村延伸、公共服务向农

村覆盖，进一步改善农村人居环境。投资 73 万元同步实施了生命防护工程，对 6 条总计 170 公里的农村公路沿线安装标志、标线、护栏等设施，并在事故多发路段、学校与村庄等重点路段设置限速标志和警告标志，强化交通安全保障。完成了所有县道、乡道及部分村道主体式绿化，全旗农村自然景观保存率达到了 85%，基本实现农村公路的“畅、安、洁、美、绿”。

五、巩固成果，宣传治理法制化

加强《公路法》《公路安全保护条例》等法律法规宣传，增强沿线乡镇（街道）和广大干部群众的爱路护路意识，建立“政府负责、部门执法、群众参与、综合治理”的管理体系；充实路政管理力量，加大路面巡查力度，严格预防挤占公路等问题的发生，严肃查处侵占、损坏公路的违法违章案件和公路“三乱”行为，依法维护路产路权，改善路容路貌，确保农村公路安全畅通。现全旗各乡镇（街道）、行政村，全部制定了爱路护路的乡规民约、村规民约，公路沿途群众主动参与到义务护路、管路的行动，为公路养护管理贡献自己的力量。

六、科学运营，经济发展多元化

我旗坚持“城乡统筹、以城带乡、城乡一体、客货并举”的总体思路，不断完善农村公路运输服务网络。完善了部门协同参与的农村客运班线审核制度。2017 年规划调整班线 49 条，日发客运班次 79 车次，在“四好农村路”锦平线沿线，新建临时客运站点 15 个，方便沿线百姓出行。目前，全旗已经实现乡乡有班线、村村通班车。同时，我们依照有关规定，以农村客运班线许可、延续经营等为抓手，督促辖区内农村客运业户依照有关规定，落实安全生产主体责任，确保客车安全运营。

随着农村公路的畅通和运输能力大幅提升，带动了我旗农业、旅游业和商贸物流业的快速发展。2017 年，乡村旅游和休闲旅游蓬勃兴起，共接待游客约 90 万人次，实现旅游收入 10.25 亿元。雷营子、林营子、马鞍山等乡村旅游重点村“农家乐”“采摘园”迅速发展。目前，全旗大型农家乐已达 70 家、大型采摘园 5 座，带动群众致富 2000 多人。2017 年，全旗农村常住居民人均可支配收入大幅提高。公路的建设畅通了商品流通渠道，带动了商贸物流的快速发展，有效刺激了消费。同时，农村公路使农村更加贴近城市，在加快城乡一体化进程做出了重要贡献。

七、下一步工作安排

下一步，我旗将按照"四好农村路"标准，重点打造锦山至南台子、陈营子至砬子沟、小牛群至大西沟门等三条线路，并发挥"四好农村路"项目的示范带动作用，不断提高全旗农村公路建、管、养、运水平，促进农村道路提档升级，提升农村公路综合运输服务水平，为全旗经济发展和脱贫攻坚工作提供更加完善的载体支撑和通行保障。

△ 冰天雪地护路人

▷ 冰天雪地护路人

农村公路候车站点

路面标线

候车亭

农村公路候车亭

旺业店通村公路

冬天的马鞍山

雷营子连接路

牛大线公路通太沟梁段

革命老区野窝铺

小村新貌

锦南线公路绿化

牛大线公路通太沟梁段

银匠营子街巷路

希庄村街巷路

黑山沟通村水泥路

风景秀丽的陈砬线

金下线通村公路

通村公路人行桥

小大线公路白石太梁段

牛大线公路通太沟梁段

平锦线公路马鞍山段回头弯道

平锦线公路马鞍山段

山梁路段

旺按线旅游公路

小美林至羊草沟门公路

小大线公路白石太梁段

赤按线公路

旺按线公路

雷营子村通村公路

锦平线公路马鞍山段

砬子沟通村公路

旺按线公路马莲道梁段

四通八达的农村公路

全泰村通村公路

美林通村水泥路

▲天上队农村公路

喀喇沁旗农村公路养护管理办法

2010 年 12 月 22 日　　　　　　　　　　　　喀政发〔2010〕105号

第一章　总　　则

第一条　为巩固农村公路建设成果，提高农村公路养护质量和管理水平，延长农村公路使用寿命，确保安全畅通。根据《中华人民共和国公路法》《内蒙古自治区公路管理条例》和《赤峰市农村牧区公路养护管理指导意见》，结合全旗实际，特制定本办法。

第二条　本办法所指农村公路：旗内已铺筑油路、水泥路的乡道和村道。

第三条　旗人民政府和乡镇（街道）人民政府（办事处）是农村公路养护和管理主体，负责对农村公路养护和管理工作，并将公路管养所需资金列入年度财政预算。

第四条　农村公路养护和管理遵循“统一领导、乡镇负责、注重实效、全面养护、保障畅通”的原则，旗交通局统一负责对全旗农村公路的养护和管理进行业务指导、督促检查等相关工作；各乡镇（街道）人民政府（办事处）负责农村公路的养护和管理工作。

各乡镇（街道）要建立公路管理站，具体负责乡村公路的日常养护和小型工程的管理工作，管理站隶属于乡镇（街道）政府，接受旗交通局指导。各村由村委会主任担任本村公路养护和管理组长，并确定一名副主任负责公路管理养护工作，根据实际情况配备人员具体负责划分路段的养护工作。

第五条　公安、国土、林业，水利、农机等部门应当在各自职责范围内，积极配合各乡镇（街道）人民政府（办事处）、交通局做好农村公路管理工作。

第二章　管理职责

第六条　旗交通局职责：

（一）监督、指导、检查各乡镇（街道）农村公路养护工作；

（二）编制农村公路养护年度目标计划，并将公路养护情况纳入年度交通工作考核范围；

（三）负责农村公路养护管理中的技术培训和指导工作；

第七条　各乡镇（街道）人民政府（办事处）职责：

（一）负责本行政区域内农村公路的养护管理；

（二）管理使用好养护资金；

（三）按辖区内公路里程、交通量大小、公路等级等实际情况，配备养护人员；

（四）做好受灾农村公路的抢修和修复工作；

（五）对破坏公路和在公路管理范围内乱修乱建行为及时进行制止。

第八条　农村公路养护管理人员职责：

（一）负责清扫路面和维修、加固路肩及边坡；

（二）负责疏通、改善、修整边沟等排水系统；

（三）负责观察、预防、处理各类路基、路面病害；

（四）负责做好道路两边绿化带的管护工作；

（五）负责做好受灾公路的抢修工作：

（六）及时向旗路政大队和乡镇（街道）人民政府报告侵占、损坏公路等违法行为。

第九条　相关部门职责：各相关部门在各自职责范围内积极配合乡镇（街道）人民政府（办事处）做好农村公路的养护与管理工作。

第三章　资金筹措、使用与管理

第十条　农村公路养护资金来源：

（一）旗财政在年度预算中，按每公里不少于 2000 元的标准对乡村公路养护实施定额补贴；

（二）各乡镇（街道）按各自的实际和辖区内乡村公路里程，制定具体筹资办法，筹集养护资金；

（三）法律、法规允许的其他筹资方式。

第十一条 农村公路养护资金的管理实行分户储存、单独核算、专款专用，并接受旗财政、审计等部门的监督检查，旗财政局要设立"农村公路养护资金专户"，乡镇（街道）财政所要设立"农村公路养护专账"，村委会要设立"农村公路养护科目"进行专项核算。任何单位和个人不得挤占、挪用。

第十二条 农村公路养护资金的使用，坚持"定额分配，投资包干"原则。

（一）资金分配按照旗交通局确定的农村公路里程和季度评定分值进行分配；

（二）资金使用按照年初养护计划和养护投资预算，由旗财政局直接拨付给各乡镇（街道）；

（三）旗财政补贴资金的80%用于农村公路防护工程建设，安保、限宽、限高等设施的恢复与更新、维护、冰阻及水毁等自然灾害损毁修复工程，20%用于路肩培护、排洪设施清淤和路面保洁等日常养护工作；

（四）用于农村公路防护工程建设、安保、限宽、限高等设施更新、维护和自然灾害损毁修复工程资金需旗交通、审计等部门对工程出具验收报告后由旗财政予以拨付各乡镇（街道）。

第四章 公路养护和管理

第十三条 农村公路养护质量总体要求：保持路面、路肩整洁，绿化美观，边坡稳定，排水畅通，桥涵及隧道完好，交通设施完善，确保行车安全无重大隐患。

第十四条 农村公路的养护，乡道优良路率不低于40%，村道优良路率不低于30%，保障公路完好畅通。旗交通局负责制订公路养护管理评定标准，定期对路况进行考评。

第十五条 旗交通局负责对公路养护、质量检查、监督、指导工作，检查评定分值报旗人民政府作为农村公路养护资金拨付的依据。农村公路养护验收评定每季度一次。

第十六条 因自然灾害造成公路严重损坏，威胁运输安全或交通中断时，乡镇（街道）人民政府（办事处）、村委会应组织沿线村民迅速抢修，恢复交通，并报旗交通局。

第五章　路政管理

第十七条　旗交通局公路路政执法监察大队要加强各乡镇（街道）农村公路管理站的业务指导，农村公路由乡镇（街道）管理站具体负责管理。

第十八条　任何单位和个人不得擅自占用、挖掘公路，不得损坏、擅自移动、涂改公路附属设施。

第十九条　跨越、穿越公路修建桥梁、渡槽或者架设、埋设管线等设施的，以及在公路用地范围内架设、埋设管线、电缆等设施的，需事先经交通主管部门同意；影响交通安全的，还须征得公安局的同意。影响交通所修建、架设或者埋设的管道应当符合公路工程技术标准的要求，对公路造成损坏的，应当按照损坏程度给予补偿。

第二十条　任何单位和个人不得在公路及公路用地范围内摆摊设点、堆放物品、倾倒垃圾、设置障碍、挖沟引水、利用公路边沟排放污物或进行其他损坏、污染公路和影响公路畅通的活动。严禁乱砍滥伐和损坏公路行道树。

第二十一条　任何单位和个人未经旗交通主管部门同意，不得在公路用地范围内设置公路标志以外的其他标志。

第二十二条　除农业机械田间作业需要在农村公路上短距离行驶外，铁轮车、履带车和其他可能损害公路路面的机具，不得在铺有油（水泥）路面的公路上行驶。确需行驶的，必须经旗交通局同意，并采取有效防护措施，按照公路管理机构指定的时间、路线行驶。对公路造成损坏的，按照损坏程度给予补偿。

第二十三条　加强对超过限载标准的运输车辆的监督检查。禁止超限车辆在公路上行驶。车辆运输不可解体物品，须经公路管理机构批准，采取技术保护措施并缴纳补偿费用后方可通行；影响交通安全的，还须经公安交通管理部门批准。

第二十四条　交通路政管理人员依法在道路、建筑控制区、车辆停放场所、车辆所属单位等进行监督检查时，任何单位和个人不得阻挠。

第六章　附　　则

第二十五条　本办法自 2011 年 1 月 1 日起施行。

喀喇沁旗农村公路养护管理考核办法

2011年3月16日　　　　　　　　　　喀政办发〔2011〕11号

为加强农村公路养护与管理，提高农村公路养护质量，保障公路安全畅通，实现农村公路永续利用，根据《喀喇沁旗农村公路养护管理办法》(喀政发〔2010〕105号)及相关公路养护技术规范和规定，结合实际，特制定本考核办法。

一、考核对象及内容

考核对象为各乡镇人民政府、街道办事处；考核内容为农村公路的组织管理、资金管理、安全管理、养护管理、路况评定等。

二、考核标准

（一）组织管理（14分）

1. 乡镇（街道）设立农村公路管理站，按《喀喇沁旗农村公路养护管理办法》中的职责具体负责农村公路养护管理工作，人员到位，分工明确，计3分。

2. 建立养护管理规定计1分，有详细档案资料计1分，签订承包合同和安全生产合同计1分。

3. 内业管理：有养护示意图计1分；按规定自评公路养护质量，原始记录表齐全计1分；公路养护巡查考核记录齐全计2分；按时上报规定的统计报表计1分；及时上报养护工作信息计1分；公路基本资料存档或建库计2分。

（二）资金管理（6分）

旗财政补贴资金20%用于公路养护，80%用于养护工程。其他养护资金由乡镇人民政府、街道办事处自行筹措。

1.设立农村公路养护资金专户，且专款专用计 1 分。

2.及时筹集不足部分公路养护资金计 1 分；（自筹养护资金高于旗财政补贴资金 1 倍以上，奖励 2 分）。

3.日常养护资金落实到位计 2 分。

4.养护工程建设资金落实到位计 2 分。

（三）安全管理（5 分）

1.制定相应的公路特情应急处置预案计 1 分。

2.发生特情时能够及时启动预案，并采取有效措施计 2 分。

3.施工时设立标示牌计 2 分。

（四）养护管理（65 分）

养护管理指日常养护管理，不包括养护工程管理。养护工程管理考核将按乡镇（街道）养护工程计划、项目审核、组织施工、竣工验收等程序进行考核，旗财政局根据验收报告，委托旗交通运输局拨付养护工程补贴资金。

1.巡查：养护巡查制定落实好，乡镇（街道）公路管理站每周对乡村公路巡查不少于两次，有记录计 2 分；路段养护员对所辖养护路段每天进行日常巡查保养，有巡查记录计 2 分；对特殊路段或遇恶劣天气时，增加巡查频率，养护巡查效果好计 4 分；及时有效制止公路控制线内乱修、乱建行为，计 7 分。

2.路基：路肩边缘线型流畅，路肩坚实，路基边缘稳定计 2 分；护坡、挡墙无破损、边坡无塌陷计 5 分；单侧 50 米内路肩无杂物、边沟无淤塞、蒿草不高于 15 厘米，计 3 分。

3.路面：路面状况良好，路面平整清洁，无杂物、无坑槽、无泥土、积水，每公里连片病害路面不超过 50 米，计 15 分。

4.桥涵：桥涵等构造物维护完好、排水通畅，外观整洁，桥面铺装坚实平整、栏杆完好，桥涵锥坡等砌体无破损计 10 分。桥栏杆每破损一处扣 0.5 分；伸缩缝损坏一处扣 0.5 分；桥面泄水不良每处扣 0.5 分；桥头、涵顶跳车每处扣 0.5 分。此项分值扣完为止。

5.标志：公里各类标志，里程碑、百米桩、警示桩、护栏柱、防撞护栏、限高限宽设施等附属设施齐备；维护良好，完整、洁净，功能发挥正常计 10 分。每丢失一块扣 1 分；限高限宽损坏一处扣 3 分。此项分值扣完为止。

6. 绿化：统一规划，因地制宜进行公里绿化，适宜绿化路段不留空白，农村公路绿化美化规范整洁计 5 分。宜林路段出现空白每 50 米扣 0.5 分；数目死株较多，每 10 株扣 0.5 分。此项分值扣完为止。

（五）路况评定（10 分）

按照《喀喇沁旗农村公路养护管理办法》确定的乡路优良率不低于 40%、村路不低于 30% 的标准，道路优良率低于目标值不得分，等于目标值计 5 分，每增加一个百分点计 0.5 分，此项总分最多不超过 10 分。

三、考核等级

按考核内容实行百分制，考核结果与日常养护补贴经费拨付挂钩。具体考核等级：

（一）考核得分在 80 分以上（含 80 分），按比例全额拨付补贴经费；

（二）考核得分在 80 分—60 分（含 60 分），按比例拨付 80% 养护补贴经费；

（三）考核得分在 60—50 分（含 50 分），按比例拨付 50% 养护补贴经费；

（四）考核得分在 50 分以下，视具体情况停拨养护补贴经费。

四、考核方式

（一）旗乡镇公路管理所每季度对乡镇（街道）公路管理站所辖一年过后路段进行考核，评定结果作为旗财政拨付养护补贴经费的依据。

（二）对考核后暂扣的正常养护补贴经费，整改完成后由旗乡镇公路管理所组织检查验收，验收合格后，补拨养护经费。

（三）四个季度考核的累积分值为各乡镇（街道）农村公路养护情况年终考评分值。对考核累计得分前三名的乡镇（街道）及相关单位，旗委、政府将给予表彰奖励。

（四）本办法由旗交通运输局负责解释并组织实施

农村街巷道路长效管护暂行办法

2015 年 12 月 22 日　　　　　　　　　　　　　　喀政发〔2015〕105号

第一条　本办法所称农村街巷道路指全旗 2014 年以来实施的“美丽乡村”街巷道路硬化工程和以前年度通过财政“一事一议”以及其他方式投资硬化的村道，包括村村通、村组通、村庄连接线，以及村内硬化街巷。

第二条　乡镇（街道）政府（办事处）是辖区内农村街巷道路长效管护的责任主体，乡镇长（主任）是第一责任人，对本地区农村街巷道路维护管理负主要责任。

第三条　村委会是日常管护工作的直接责任主体，村委会主任是第一责任人。

第四条　旗交通运输局负责全旗农村街巷道路维护管理的业务指导和监管工作，牵头并会同有关部门，每年至少开展一次乡镇管理人员或道路维护人员的相关培训，并经常对街巷道路维护工作进行技术指导。

第五条　街巷道路长效管护由日常管护和工程维修两部分构成。

1. 日常管护工作由村委会负责实施。村委会要建立街巷道路管护组织，根据各村实际，可结合环境卫生保洁落实相关管护人员，也可采取村民“门前三包”或就近划段的办法，将街巷道路卫生保洁、路树养护等任务分解到各家各户，并签订维护管理责任书，由村民进行维护。村庄街巷道路养护标准为：确保路面平整干净，边坡稳定，路肩完好，无坑洼破损，无泥土砂石；排水畅通，冬无积雪，夏无积水；街路两侧无乱堆乱放、乱搭乱建，无挖沟引水和打场晒粮等行为。

超出养护范围，需施工维修的街巷、路段，由村委会报请乡镇（街道）政府（办事处）审定。

2. 街巷道路维修工程由乡镇（街道）政府（办事处）负责实施。质保期内由施工企业负责，质保期后由乡镇（街道）政府（办事处）向旗政府提出申请，由旗交通、财政等部门核实后，按相关规定履行程序进行维修。

第六条 街巷道路维护资金由人员报酬补助和工程维修资金两部分组成：

1. 人员报酬补助。由乡镇（街道）政府（办事处）负责筹集和管理，并上报申请纳入本级财政预算。补助标准由乡镇（街道）政府（办事处）根据实际自行确定；

2. 街巷道路维修资金：旗政府根据道路街巷服务年限或实际需求设立工程维修专项资金，并纳入财政预算。

第七条 鼓励各村街巷道路受益单位及群众自愿捐助资金，或投入人员、设备等参与日常维护、绿化美化等工作。

第八条 企业、个人或社会捐助的资金，除捐助者有特定意愿之外的，由各村通过“一事一议”方式专项使用，并向捐助者反馈使用情况，向村民公布支出细目。

第九条 乡镇（街道）政府（办事处）可根据保护街巷道路的需要，在村庄出入口或其他节点位置设置必要的限高、限宽设施，防止超限车辆驶入，并设置警示标志，提高安全通行水平。

第十条 旗交通主管部门按照交通部有关公路养护质量评定标准制定考核办法，每季度对全旗农村街巷道路维护管理工作进行一次检查，检查结果纳入各乡镇（街道）年终考核指标体系。各乡镇（街道）政府（办事处）每季度对辖区各村进行一检查，检查结果纳入村班子年终考评。排名后三位的乡镇、村，进行通报批评，并视情况扣减养护补助。

附件 D

喀喇沁旗“四好农村路”建设规划

2016 年 1 月 20 日　　　　　　　　　　　喀政办发〔2016〕64 号

为深入贯彻落实习近平总书记关于农村公路发展的重要指示、批示精神，按照交通运输部《关于创建开展“四好农村路”建设的意见》(交公路发〔2015〕73 号)，内蒙古自治区交通运输厅《关于开展“四好农村路”建设活动方案的通知》(交公路发〔2015〕699 号）有关要求，加快推进农村公路建、管、养、运协调可持续发展，到 2020 年实现农村公路“建好、管好、护好、运营好”的“四好”总目标，结合我旗实际，编制此建设规划。

一、指导思想

深入贯彻落实习近平总书记进一步把农村公路建好、管好、护好、运营好，逐步消除制约农村发展的交通瓶颈，为广大农民脱贫致富奔小康提供更好保障的重要批示，以党的十八大、十八届三中、四中、五中全会精神为指导，坚持“因地制宜、以人为本”方针，全力推进农村公路规范发展、协调发展、安全发展和引导发展，提升农村公路安全水平、畅达水平、服务水平，到 2020 年实现“建好、管好、护好、运营好”农村公路的总目标。

二、目标任务

2016—2020 年，新改建农村公路 325 公里，改造危桥 2 座，新建桥梁 21 座，安保工程 271.3 公里，灾害防治工程 41 公里，窄路面加宽 139.5 公里。到 2020 年，锦山镇区到乡镇、相邻乡镇实现便捷连通，保障每个行政村有一条畅通的出口路、一条路况良好的主街道，县乡道安全隐患治理率达到 100%，农村公路危桥总数逐年下降，实现农村公路路网结构明显优化，质量明显提升；全面加强养护管理，真正做到有路必养；路产路权得到有效保护，路域环境优美整洁；农村客运和物流服务体系健全完善，城乡交通一体化格局基本形成，适应新型城镇化、农业现代化和全面建成小康社会的要求。

三、重点工作

（一）全面建设好农村公路。

建设重点：一是打通县道、乡道断头路，拓宽瓶颈路，实现与外旗县的连接，增强区域中心城市辐射作用。二是对年久失修的行政村主要出口路升级改造，加宽改造窄路基路面，提高“村村通”质量和水平；支持以道路延长的方式同步改造一条主街道，进一步改善农村人居环境。三是有序推进农村联网公路建设，提高城市近郊、人口密集区农村公路网络化水平。四是加大危桥改造和缺桥少涵路段新建桥梁建设，加大县乡公路急弯陡坡等重点路段的公路安全生命防护工程建设，提高道路安全水平，五是建设园区路、产业路、旅游路，带动区域经济社会发展。新改建农村公路应满足等级公路技术标准。逐步提高三级公路的建设比重，四级公路宜采用双车道标准，交通量小或困难路段可采用单车道，但应按规定设置错车道。受地形、地质等自然条件限制的村道局部路段，经技术安全论证，可适当降低技术指标，但要完善相关设施，确保安全。按照保障畅通的要求，同步建设交通安全、排水和生命安全防护设施，改造危桥，确保“建成一条、达标一条”。

加强农村公路建设市场监管和质量、安全督导，保障质量监督检测能力和条件。切实落实农村公路建设“七公开”制度，所有使用公共财政资金的农村公路建设项目全部实行“七公开”，保证农村公路建设质量合格达标和资金使用合法合规专款专用。新改建农村公路一次交工验收合格率达到 100%。

（二）全面管理好农村公路。

按照建立事权与支出责任相适应的财税体制改革要求，构建符合农村公路特点的管理体制与机制。完善农村公路管理机构、乡镇公路管理站和建制村村道管理议事小组。乡镇政府、街道办事处、村委会要落实必要的管养人员和经费。全面建成以公共财政投入为主的资金保障机制；农村公路相关管理经费纳入财政预算比例达到 100%。

按照依法治路的总要求，加强农村公路法制和执法机构能力建设，规范执法行为，提高执法水平。大力推广旗统一执法、乡村协助执法的工作方式。完善农村公路保护设施，努力防止、及时制止和查处违法超限运输及其他各类破坏、损坏农村公路设施等行为。到 2018 年，农村公路管理法规基本健全，爱路护路的乡规民约、村规民约制定率达到 100%，基本建立旗有路政员、乡有监管员、村有护路员的路产路权保护队伍。

（三）全面养护好农村公路。

建立健全“政府主体、行业指导、部门协作、社会参与”的养护工作机制，全面落实旗政府的主体责任，发挥好乡镇政府、街道办事处、村委会和村民的作用。将日常养护经费和人员落实情况作为“有路必养”的重要考核指标。到 2017 年，养护经费全部纳入财政预算，农村公路列养率达到 100%，优、良路的比例不低于 75%，路面技术状况指数逐年上升。

有序推进农村公路养护市场化改革，加快推进养护专业化进程。日常保洁、绿化等非专业项目，鼓励通过分段承包、定额包干等办法，吸纳沿线群众参与。农村公路大中修等专业性养护工程，逐步通过购买服务的方式交由专业化养护队伍承担。有序推进基层养护作业单位向独立核算、自主经营的企业化方向发展，参与养护市场竞争。

在乡镇政府、街道办事处，要大力整治农村公路路域环境，搞好农村公路净化、美化、绿化“三化”工程。结合美丽乡村建设，保持农村道路整洁，不断提高农村公路净化、绿化水平，深入实施绿色通道建设。到 2018 年，具备条件的农村公路全部实现路田分家、路宅分家，具备条件的路段实现绿化全覆盖，打造畅安舒美的通行环境。

（四）全面运营好农村公路。

进一步明确农村客运安全监管“旗管、乡包、村落实”政策，交通运输主管部门配合公安部门，严格车辆登记和路查路检工作，严查农村客运超员、超速等交通违法行为，保障运营安全。按照路站运一体、城乡客运一体的要求，搞好规划布局。落实旗政府的主体责任，加大对通村客运站点建设、车辆购置、客运票价的补助，建立通村客运“开的通，留得住、有效益”的长效机制；坚持路、站、运一体化发展，农村客运站（亭）与农村公路同步设计、同步建设、同步交付使用，建好农村客运设施；推进农村生产生活资料配送网络建设，加快完善旗、乡、村物流服务体系。

四、措施和要求

（一）加强组织领导。“四好农村公路”建设是一项利民、惠民工程。为确保创建国家级示范旗县工作顺利开展，旗政府成立以旗长任组长，各乡镇政府、街道办事处，各相关单位主要负责人为成员的领导小组，全力推进我旗“四好农村公路”的创建工作。各乡镇、街道，各相关部门要高度重视，切实抓好组织领导和具体实施，确保创建活动有序、有力、有效开展。

（二）落实工作责任。旗政府是县级公路规划、建设、养护和管理的责任主体，各乡镇政府、街道办事处，是本辖区内乡村公路规划、建设、养护和管理的责任主体，各级要切实履行职责，加大投入，全力推进农村公路发展。交通运输部门要会同有关部门做好全旗农村公路规划审核工作，指导全旗农村公路发展。

（三）加强资金保障。旗财政部门要建立以公共财政为基础，责任清晰、事权与支出责任相匹配的农村公路投融资长效机制，将农村公路建、管、养、运资金纳入旗本级财政预算，并不断加大投入，确保实现发展目标。资金筹集渠道为：一是积极争取国家政策倾斜和资金支持，统筹相关资金用于农村公路发展，加强资金使用情况的监督检查，提高资金使用效益。二是加强与农发行等金融机构和市交投公司的对接，采取政府购买服务模式，全面推进我旗农村公路建设。三是交通运输部门要结合实际，出台具体的农村公路建设补助政策及标准，财政部门将资金纳入财政预算，确保每年有一定的资金用于农村公路建设。四是统筹协调各涉农部门农村公路项目和资金的管理，集中推进农村公路建设。除上级补助资金外，将农村公路发展资金纳入财政预算。五是鼓励企业和个人捐款，利用道路冠名权、路边资源开发权、绿化权等多种方式筹集社会资金用于农村公路发展。

（四）强化绩效考核。两办督查室、交通运输主管部门要加强监督考核工作，重点对责任落实、建设质量、工作进度、资金到位情况进行检查指导，及时发现和解决存在的问题。对责任目标完成情况好、绩效明显的，作为相关资金安排的重要依据。交通运输主管部门要加强对乡政府、村委会的督导，充分发挥基层政府和组织在农村公路发展中的作用。

（五）加强宣传发动。交通运输及有关部门要综合运用报纸、电视、广播、网络等各种宣传媒介及平台，大力宣传农村公路发展中的好经验、好做法，以及涌现出的先进集体和先进个人。注重解决好农民群众反映的突出问题，维护好农民群众的合法权益，为农村公路发展创造良好环境。

附件 E

喀喇沁旗推进“四好农村路”建设活动实施方案

2016 年 3 月 9 日　　　　　　　　　　　　喀政办发〔2016〕69 号

为深入贯彻交通运输部《关于创建开展“四好农村路”建设的意见》(交公路发〔2015〕73 号)，内蒙古自治区交通运输厅《关于开展“四好农村路”建设活动方案的通知》(交公路发〔2015〕699 号)文件精神，落实《喀喇沁旗“四好农村路”建设规划》(喀政办发〔2016〕64 号)，加快推进喀喇沁旗农村公路建、管、养、运协调可持续发展，到 2020 年实现“建好、管好、护好、运营好”农村公路的总目标，现结合我旗实际，制定本实施方案。

一、指导思想

以党的十八大、十八届三中、四中、五中全会精神和习近平总书记对农村公路的重要批示精神为指导，全面部署推动“四好农村路”建设工作。以完善互通、安全舒适、靓美发展的农村公路，为全旗经济社会发展和广大农民脱贫致富提供良好的基础保障。

二、组织领导

认真贯彻落实自治区、市关于“四好农村路”有关要求，切实将各项工作组织好、开展好，达到预期成效，旗人民政府成立政府旗长为组长，各乡镇人民政府、街道办事处，各相关部门主要负责人为成员的喀喇沁旗“四好农村路”建设活动领导小组，负责做好“四好农村路”建设活动的协调、指挥工作，领导小组下设办公室，对“四好农村路”建设活动期间各类信息进行收集整理、统计汇总，及时做好上传下达工作。

三、目标任务

通过“四好农村路”建设活动的开展，喀喇沁旗农村公路路网密度较“十二五”期间有大幅提升，路网结构更加优化，通畅、靓美水平明显改善，养护管理水平始终保持高于在全市平均水平。真正实现有路必养，路产路权得到有效保护，路域环境优美整洁，农村客运和物流服务体系健全完善，城乡交通一体化格局基本形式，全面适应建成小康社会和新型城镇化要求。

（一）全面建好农村公路。

根据喀喇沁旗农村公路实际情况，坚持农村公路建设与优化城镇、乡村布局、农村经济社会发展和广大农民安全便捷出行相适应的工作目标。一是在“十三五”期间，多措并举，不断拓宽融资渠道，加大农村公路建设、管养资金投入，实施县乡公路升级改造工程，提高二、三级公路所占比重，提升农村公路通行能力和服务水平。二是严格按照“四好农村路”创建标准，全力打造平锦线，重点治理锦南线，兼顾其他公路。新（改）建农村公路除特殊路段外全部满足等级公路技术标准。四级公路采用双车道标准，交通量小或特殊困难路段采用单车道，并按规定设置错车道。受地形、地质等自然条件限制的村道局部路段，经技术安全论证，可适当降低技术指标，需完善相关设施。按照保障畅通的要求，同步建设交通安全，排水和生命安全防护设施，确保“建成一条、达标一条”。到 2020 年，全旗县乡道安全隐患治理率达到 100%，农村公路危桥数量和危桥率逐年下降。全面加强村级公路与县乡级公路互通连接，进一步提高农村公路通达深度，使行政村公路通畅率达到 100%。以马鞍山、砬子沟、通太沟、美林谷等景区及周边地区公路建设为重点，为构建环线旅游新格局提供良好的道路运输条件。强化建设市场监管和质量、安全督导。切实落实农村公路建设“七公开”制度，加强行业监管，接受社会监督。建设管理单位要落实建设资金和专业技术管理人员，明确质量和安全责任人，切实落实质量安全责任，确保工程质量和使用寿命，特别要加强对桥隧和高边坡施工的质量安全管理。到 2020 年，新改建农村公路一次交工验收合格率达到 98% 以上，重大及以上安全责任事故得到有效遏制。

（二）全面管好农村公路。

按照建立事权与支出责任相适应的财税体制改革要求，构建符合农村公路特点的管理体制与机制。完善旗级农村公路管理机构、乡镇农村公路管理站和建制村道管理议事机制。乡镇政府、村委会要落实必要的管养人员和经费。到 2020 年，各级公路管理主体责任得到全面落实，以公共财政投入为主的资金保障机制基本建立；县、乡级农村公路管理机构设置率达到 100%；农村公路管理机构经费纳入财政预算的比例达到 100%。按照依法治路的总要求，加强农村公路法制和执法机构能力建设，规范执法行为，不断提高执法水平。大力推广旗人民政府各相关部门统一执法，乡镇、村协助执法的工作模式。完善农村公路保护设施，努力防止、及时制止和查处违法超限超载运输及其他各类破坏、损坏农村公路设施等行为。到 2020 年，农村公路管理和爱路护路的乡规民约、村规民约制定率达到 100%，基本建立旗有路政员、乡镇有监管员、村有护路员的路产路权保护队伍。

在旗人民政府统一领导下，公路养护系统和各乡镇、街道要做好农村公路路域环境整治工作，加强绿化美化，全面清理路域范围内的草堆、粪堆、垃圾堆和非公路标志。并建立长效机制，路面常年保持整洁、无杂物，边沟排水通畅，无淤积、堵塞。到 2020 年，具备条件的农村公路全部实现路田分家、路宅分家，打造畅安舒美的通行环境。加强农村公路安全隐患整治工作，继续实施农村公路危桥改造工程，完善农村公路标志标线、护栏等安全保障设施。沿线标志、标线、里程碑、百米桩、护栏、轮廓标等要严格按照国家标准《道路交通标志和标线》（GB5768.2-2009）和行业标准《公路交通标志和标线设置规范》（JTG D82-2009）设置，并要做到位置适当。准确、完整、醒目、美观。指示类标志应同时标注蒙汉两种文字，对损坏，缺失，陈旧和污秽的公路交通标志及时进行修复。补齐、更新和清洗；对路面标线磨损，脱落严重的路段，要及时更新施划，确保公路沿线构造物规范，齐全，沿线交通安全设施视线清晰。醒目，对遮挡视线的树木及有关事物要及时进行修剪、清理，事故多发路段，潜在危险路段、穿越学校、村庄、集镇路段设置限速标志和警告标志。对新建、改建，扩建的农村公路严格执行道路安全设施与文体工程“三同时”制度。

（三）全面养好农村公路。

建立健全以“旗人民政府为主体、交通运输局为行业指导，乡镇、街道及各相关部门相互协作，社会各界广泛参与”的养护工作机制，全面落实旗人民政府主体责任，充分发挥乡镇人民政府、村委会和村民的作用，全面提升农村公路养护水平。将日常养护经费和人员作为“有路必养”的重要考核指标，真正实现有路必养。到 2020 年，建立稳定的养护经费增长机制，基本满足养护需求，农村公路列养率达到 100%，优、良、中等路的比例不低于 75%，路面技术状况指数（PQI）逐年上升。

平稳有序推进农村公路养护市场化改革，加快推进养护专业化进程。以养护质量为重点，建立养护质量与计量支付相挂钩的工作机制。对于日常保洁、绿化等非专业项目，鼓励通过分段承包、定额包干等办法，吸收沿线群众参与。农村公路大中修等专业性工程，逐步通过政府购买服务的方式交由专业化养护队伍承担。有序推进基层养护作业单位向独立核算、自主经营的企业化方向发展，参与养护市场竞争以因地制宜、经济实用、绿色环保、安全耐久为原则，建立健全适应本地特点的农村公路养护技术规范体系。加大预防性养护和大中修工程实施力度。积极推广废旧路面材料、轮胎、建筑垃圾等废物循环利用技术。加快农村公路养护管理信息化步伐，加强路况检测和人员培训，科学确定和实施养护计划，努力提升养护质量和资金使用效益。

1. 路面养护

（1）严格执行公路养护巡查制度，加大路面各类病害处置力度，全线无坑槽、波浪拥包、沉陷、龟裂、裂缝等明显病害，及时清理路面障碍，并做好巡查日志、路面病害处置和障碍清理记录。

（2）全线应常年保持路面整洁、路拱适度、排水顺畅、行车舒适。

（3）进行路面稀浆封层作业，确保路况质量，同时要加大新材料、新设备、新工艺、新技术的应用，提高养护技术水平。

（4）做好公路急弯、陡坡、公铁平交道口等重点路段、部位的预防性养护工作。

2. 路基养护

（1）线型清晰，稳定坚实无缺口、冲沟，边缘整齐平顺，排水设施齐全、配备完整，路基防护应采用工程措施与植物措施相结合的方式，利用绿化植物覆盖防护工程的人工痕迹，使路基防护与自然环境协调一致，并保证防护工程完好、有效。

（2）按照“路肩不漏土”的要求，应对路肩进行硬化或植草绿化，路肩应及时修剪与路面齐平，并清理路肩积土，避免影响路面排水。

（3）破碎、松软的石质、土质边坡，应设置相应的防护设施。

（4）涵洞应与路基同宽，涵洞的铺砌、翼墙、护坡等应完整，涵体侧墙及拱顶无开裂、变形，涵洞上下游排水顺畅，洞口清洁，无杂物堆积，洞内无淤塞。对已出现变形、沉陷等严重病害的，应及时进行维修加固和改造。

3. 桥梁养护

（1）要建立健全桥梁基本状况卡片，并要根据交通运输部及自治区有关桥梁养护技术规范，开展定期与不定期的桥梁技术检查和安全检查。根据检查和巡查情况要及时对桥梁基础信息进行更新，为公路桥梁的通行状况和通行能力提供有效、准确的决策依据。

（2）要严格执行交通运输部及自治区《公路桥梁养护管理工作制度》，设置桥梁养护工程师，采取科学有效的管理手段和技术措施，对所管辖的公路桥梁及时组织实施检查、检测和养护维修任务，确保公路桥梁安全畅通。

（3）桥梁外观整洁，桥面铺装平整、排水顺畅，伸缩缝完好、清洁。桥梁基础无冲刷、淘空，支座无断裂、错位，墩台无滑动、倾斜或下沉，台背填土无沉降、隆起，锥坡、翼墙应保持良好，无开裂、沉陷。

（四）全面运营好农村公路。

坚持“城乡统筹、以城带乡、城乡一体、客货并举、运邮结合”总体思路，加快完善农村公路运输服务网络。建立农村客运班线审核机制，建立健全政府主导，交通、公安、安监、乡镇人民政府等部门协同参与的审核机制。对新增农村客运班线，严格对照规则进行审核，不符合通行条件的一律不得新增。加快淘汰老旧农村客运车辆，全面提升客车性能。强化司乘人员的安全培训和教育，提高从业人员素质，旗交通运输局依照有关规定，以农村客运班线许可、延续经营等为抓手，引导辖区内客运业户逐步对老旧农村客运车辆进行更新、淘汰，使之符合相关要求，提升客车性能，旗交通运输局负责督促辖区内农村客运业户依照有关规定，定期对所属司乘人员进行法律、法规宣贯，开展安全培训和教育，并做到痕迹化管理，提高从业人员素质，落实安全生产主体责任。

到2020年，继续保持建制村通客车比例100%；在城镇化水平较高乡镇推进农村客运公交化，城乡客运一体化发展水平达到AAA级（含）以上；基本建成县、乡、村三级农村物流网络，覆盖率达70%。在完成赤峰至锦山公交化改造的基础上，摸索经验，以点带面，推动全旗城乡道路客运一体化建设，积极稳妥推进农村客运公交化改造，在客运量大、距离较近的毗邻地区间，可以借鉴城市公交的运营服务方式，对客运班线实行公交化改造。有重点、分阶段逐步推选镇村公交。力争5年时间，使全旗城乡道路客运发展更加协调、网络衔接更加顺扬、政策保障更加到位，服务广度和深度逐步提升，服务质量显著改善，运输安全水平进一步提高。进一步完善农村物流服务体系和信息系统建设，按照“多站合一、资源共享”的模式、共同推进农村物流节点体系建设。坚持政府引导与企业运作、资源整合与优势互补、先行试点与有序推进相结合的原则，开展形式多样的农村物流试点和示范工程，逐步改善农村物流基础设施条件，鼓励、支持专业化物流企业通过参股、控股、兼并等方式，向农村延伸经营网络。

四、"四好农村路"创建标准

在开展"四好农村路"建设活动中，各乡镇、街道在本辖区选择1到2个村作为农村公路示范路村重点扶持，选择出1到3个路况质量较好的农村公路作为示范路线重点管护，并及时总结经验，不断加以完善，切实发挥好示范引领作用，全面推进"四好农村路"建设。

（一）"四好农村路"示范乡镇标准。

1. 落实地方政府主体责任，按照乡道乡养，村道村养要求加强辖区农村公路管护水平，加强组织领导，工作措施有力，活动目标明确。

2. 农村公路养护资金纳入乡镇、街道财政预算，并根据实际需要逐年增加，能够完成或超额完成年度农村公路建设及危桥改造、安保工程、养护工程等计划任务，且工程质量好，无拖欠农民工工资现象发生。

3. 农村公路管理养护体制改革不断深化，乡镇、街道建立农村公路养护站，行政村设置农村公路管理议事机构，做到公路养护机构落实、养护人员落实、养护资金落实，农村公路列养率达到100%。

4. 农村公路专项资金管理规范，建设和养护资金做到专款专用，无挤占、挪用现象，并足额用于建设项目和养护生产。

5. 积极落实农村牧区公路养护机械配套资金，按时完成年度养护机械采购计划，农村公路机械化养护水平不断提高。

6. 积极开辟农村公路客运班线，不断增加通车频次，村通车率保持到100%，并不断完善招呼站、候车厅等配套实施。

7. 农村公路路政管理工作落实到实处，沿线乡镇、村普遍建立乡规民约、村规民约，聘请群众义务路政员，完善群防群护机构，超限运输车辆得到根本遏制。

8. 绿化美化纳入农村公路建设规划，每年都开展群众性的绿化工作，农村公路绿化率逐年提高。

（二）"四好农村路"的评定标准。

1. 技术要求。必须为从起点到终点的完整路线，公路技术等级标准满足四级公路标准及以上，全线路面宽度不低于 3.5 米，路基宽度不低于 4.5 米。

2. 通畅标准。全线路面平坦，行车顺适，边沟通畅，桥梁构造物配套齐全，并与邻近的其他公路实现连通入网。畅通率达到 100%。

3. 安全防护。全线视线开阔，标志标牌齐全，特别是陡坡、急弯、临崖、傍水、溢洪等危险路段的防护设施完善有效，安全隐患路段治理率达到 100%.

4. 通车频率。道路已经纳入旗客运车辆运营路线，每天至少有一班客运车辆在该路上往返一次，并能够直接通达所在村。沿途上的停车站点设有招呼站或候车厅。

5. 日常养护。养护经费来源有保障，有固定的养护人员或维护人员常年养护，年平均好路率达到 60% 以上。

6. 绿化美化。公路绿化美化纳入乡村总体规划，每年开展一次群众性绿化美化工作，沿线绿化率达到 50% 以上，穿村庄路段实现美化。

7. 路政管理，沿线村建立乡规民约，并配有一定数量的群众义务路政员，公布路政管理举报电话，建立群防群护机制。要积极发动行政村参与“四好农村路”建设活动，对达到“四好农村路”标准的路线旗交通运输主管部门验收后，可在路线起讫点上设立“四好农村路”标牌给予议定。

五、时间安排

（一）动员部署阶段（2016 年 1 月）

各乡镇，街道，各相关各部门根据本实施方案，结合本部门实际，制定本单位“四好农村路”建设活动工作方案，按照上级交通运输主管部门的总体布局，分门别类细化、量化活动目标和任务。同时开展“四好农村路”示范乡镇创建活动。

（二）试点先行阶段（2016 年 2 月至 12 月）

根据“十三五”农村牧区公路总体规划，以全面建成小康社会为目标，全面开展好“四好农村路”的建设活动。公路管理段、乡镇公路管理所要按照好中选优，择优推荐的原则，分别确定县级公路及村级公路各 1 至 2 条为先行试点路线，树立本地区的标杆，进一步挖掘和总结可复制、可推广的经验，从而起到典型引路的作用。

（三）全面实施阶段（2017 年 1 月至 2020 年 9 月）

各乡镇、街道，各相关部门在全面深入开展“四好农村路”建设活动中，按期向领导小组报送工作进展情况。每年年底前，向领导小组办公室报送活动开展情况，并提出意见和建议。

（四）总结提升阶段（2020年10月至12月）

各乡镇、街道，各相关部门对"四好农村路"建设活动进行全面总结和评估，提出下一个5年农村公路工作发展意见和建议。

六、措施和要求

开展"四好农村路"建设活动作为赤峰市、喀喇沁旗"十三五"农村公路工作重要任务，各乡镇、街道，各相关部门要高度重视，采取有力措施，精心组织，切实把各项任务和目标落到实处。

（一）加强组织领导。各乡镇、街道，各相关部门要成立以主要负责人为组长，相关股室负责人为成员的组织机构，制订符合本部门实际的实施方案，做到任务清晰、责任明确、措施有力。要高度重视新闻宣传和舆论引导，大力宣传"四好农村路"建设的好经验、好做法，及时解决好农民群众反映的突出问题，维护好农民群众的合法权益，为我旗农村公路发展创造良好环境。

（二）夯实工作责任。旗人民政府将"四好农村路"活动开展情况将列入年度考核范围。各乡镇、街道，各相关部门要积极争取推进农村公路建管养运协调发展的政策措施，同时，要认真落实工作责任，分解工作任务，细化建设目标，充实工作力量，落实资金、机构、人员和保障措施，实现"四好农村路"建设各项目标，让百姓看到实效，得到实惠。

（三）强化监督考核。旗交通运输局要加强对"四好农村路"建设活动的监督考核，重点对责任落实、建设质量、工作进度、资金到位等情况进行检查指导。对完成或超额完成各项工作目标和任务的乡镇、街道，给予表彰、奖励，对完不成工作任务，工作推进不力的，将严肃追究相关责任人的责任。

（四）加强资金保障。在积极向上争取项目资金的同时，要加大政府财政投入，保障农村公路建设资金，以及养护资金逐年提高。要加强对资金使用情况的监督和检查，努力提高资金使用效益。继续鼓励企业和个人捐款，以及利用道路冠名权、路边资源开发权、绿化权等多种方式筹集社会资金用于农村公路发展。要发挥好"一事一议"在农村公路发展中的作用。

附件 F

关于全面促进喀喇沁旗农村公路建、管、养、运协调发展的通知

2016 年 12 月 20 日　　　　　　　　　　喀政办发〔2016〕108 号

为深入贯彻落实党中央、国务院和自治区关于农村公路工作的系列重要部署，落实习近平总书记关于建设"四好农村路"重要指示精神，进一步促进我旗持续健康发展，现就我旗农村公路建设、管理、养护、运输协调发展提出如下意见。

一、总体要求和发展任务

（一）总体要求。以党的十八大和十八届三中、四中全会等上级会议精神为指导，遵循"政府主导、规划引领、健全机制、分级保障"的方针，全面深化公路体制改革，进一步落实地方政府主体责任，分级建立公共财政保障机制，促进建管养运协调发展，努力实现"建好、管好、护好、运营好"的总体要求，提高农村公路服务能力和水平，为全面建成小康社会提供有力的交通运输保障。

（二）发展任务。着力构建"外通内联、通村畅乡、人便于行、货畅其流、安全便捷"的全旗农村公路交通运输网络；健全以公共财政投入为主的资金保障机制和建设、管理、养护、运输协调发展机制；突出加快建设、养护管理、运输安全三个重点；推进通达通畅工程建设、县乡道改造提升工程建设、农村公路桥梁建设、农村公路设施建设四项建设。到 2020 年，全旗农村公路发展体制机制基本完善，网络基本形成，结构明显优化，质量显著提升，运输规范有序，实现持续健康协调发展。

二、完善体制，明确责任

（一）旗人民政府是农村公路发展的责任主体，负责农村公路建设、管理、养护和运输工作。旗交通运输主管部门负责编制地方农村公路发展规划，具体指导实施建设、养护和运输年度计划，开展农村客货运输安全监管工作，加强农村公路质量监管，监督指导乡（镇）人民政府做好乡道日常养护工作。旗财政主管部门负责落实地方自筹资金，强化资金使用的监督管理。

（二）乡（镇）人民政府负责协助做好项目实施工作；组织实施行政区域内乡道的日常养护和编制村道的大中修工程计划，指导村民委员会组织实施村道建设和日常养护工作，做好农村客货运输源头监管工作。村民委员会具体承担村道建设和日常养护工作。

三、健全公共财政保障机制

（一）加大财政投入。加快建立以政府公共财政投入为主的资金保障机制。要按照事权与支出责任相匹配的原则，将农村公路建设、管理、养护和运输发展资金纳入本级财政预算予以保障。对纳入国家和省规划支持的项目，地方自筹资金要及时足额落实到位。

（二）拓宽资金来源。旗人民政府要统筹考虑地方公共财政收入、上级转移支付补助和地方政府债券等资金来源，整合各类扶贫和涉农项目中可用于交通发展的资金，加大农村公路发展投入力度。鼓励个人和企业捐款用于农村公路建设；鼓励利用冠名权、路边资源开发权、绿化权等方式筹集社会资金投资农村公路建设；鼓励和引导农民依法采取民主议定的方式参与农村公路建设和养护管理。

（三）强化绩效评价。各级财政、交通运输主管部门依法开展资金使用的监督检查，按年度对农村公路财政资金投入、支出和使用管理情况开展绩效评价，绩效评价结果作为农村公路项目年度计划和财政预算安排的重要依据。并将“四好农村路”活动开展情况纳入政府年度考核范围。

四、促进建管养运协调发展

（一）加强规划衔接。坚持一体化发展思路，科学编制农村公路发展规划，注重农村公路与其他路网和交通方式的衔接互补，统筹协调农村公路建设、管理、养护、运输各个环节，充分发挥规划的引领作用；加强农村公路发展规划与农村经济发展、新农村建设、村镇布局优化的衔接，发挥农村公路的先导作用，方便广大农民安全便捷出行。

（二）统筹协调推进。同步推进农村公路建设、管理、养护、运输工作；在农村公路建设过程中，同步建设管理养护和客运设施，同步做到路通车通，同步安排落实管理养护工作。要加强制度建设，进一步完善农村公路管理规章制度，加快推动出台地方性法规。

五、全面提升路网服务水平

（一）推进四项建设。深入推进通达通畅工程建设、县乡道改造提升工程建设、农村公路桥梁建设、农村公路设施建设四项建设。

（二）提升质量标准。新（改）建农村公路的勘察设计工作由具有相应资质的单位承担，并按等级公路标准建设，原则上县道不低于三级公路技术标准，乡道和通往建制村的村道不低于四级公路技术标准，县道路面宽度原则上不低于 6.5 米，乡道路面宽度原则上不低于 3.5 米，村道路面宽度原则上不低于 2.5 米，并严格按相关规定设置错车道和排水、挡防设施。要健全公路质量监督管理机构，充分发挥民主管理和社会监督作用，全面提升农村公路工程质量水平。

六、切实加强养护管理

（一）明确管养职责。县（市、区）公路管理机构具体承担农村公路桥梁管理养护工作、县道的日常养护和组织实施县道、乡道大中修工程。乡（镇）交通管理站具体承担乡道的日常养护和组织实施村道大中修工程。村民委员会具体承担村道的日常养护工作，要充分发动群众积极参与。鼓励通过政府购买服务的方式，由专业化队伍承担农村公路养护工程。

（二）健全管养机构。在现有人员编制和机构范围内，建立配置合理、运作高效、保障有力的县级公路养护与应急保通体系。建立健全乡（镇）交通管理站，加快完善农村公路养护站（道班）。建制村要有人员相对稳定的管养队伍。

（三）加强路政管理。旗人民政府要按照“政府主导、部门负责、群众参与、综合治理”原则和“县级统一执法，乡、村协调执法”方式，建立旗有路政员、乡（镇）有监管员、村有护路员的路政管理体系。加强农村公路路政管理和超限超载车辆治理工作。

七、积极发展客货运输

（一）积极发展农村客运。整合城乡客运资源，培育集约化经营、规范化管理的经营主体。完善农村客运网络，创新客运组织形式；在满足农村客运安全的前提下，支持城镇化水平和居民出行密度较高的地区稳步实施农村客运线路公交化改造。

（二）加快发展农村物流。优化农村物流基础设施布局，建设旗级配送中心、乡（镇）物流场站、农村网点三级物流网络体系。通过政府引导、企业运作、群众参与，创新农村物流运输发展模式，加快信息化建设，提高运输效率，降低流通成本，提升农村物流服务水平。

（三）强化交通安全管理。要建立公安、交通运输、安全监管等部门参与的农村道路交通安全监管工作机制，落实乡（镇）人民政府农村客运安全监管主体责任。鼓励农村客运车辆安装使用卫星定位装置和视频监控系统，运用科技信息手段加强车辆运行监管。

八、加大工作保障力度

（一）加强组织协调。定期召开会议，分析推进情况，协商相关事宜。加强督促检查，健全激励约束机制，对农村公路发展公共财政保障不力、项目推进滞后的乡镇，应调整中央和自治区、旗财政交通建设发展补助资金及项目计划安排。

（二）抓好工作落实。要切实履行好主体责任，抓好农村公路建管养运协调发展工作的组织实施，结合实际，制定相关实施细则。要加大督促检查力度，及时发现解决农村公路发展中存在的问题。